Impressum
Verlag: BABADADA GmbH, Nedderfeld 112 , 22529 Hamburg
Geschäftsführer / Verlagsleitung: Harald Hof
Druck: Books on Demand GmbH, In de Tarpen 42, 22848 Norderstedt

Imprint
Publisher: BABADADA GmbH, Nedderfeld 112 , 22529 Hamburg, Germany
Managing Director / Publishing direction: Harald Hof
Print: Books on Demand GmbH, In de Tarpen 42, 22848 Norderstedt, Germany

школа
škola

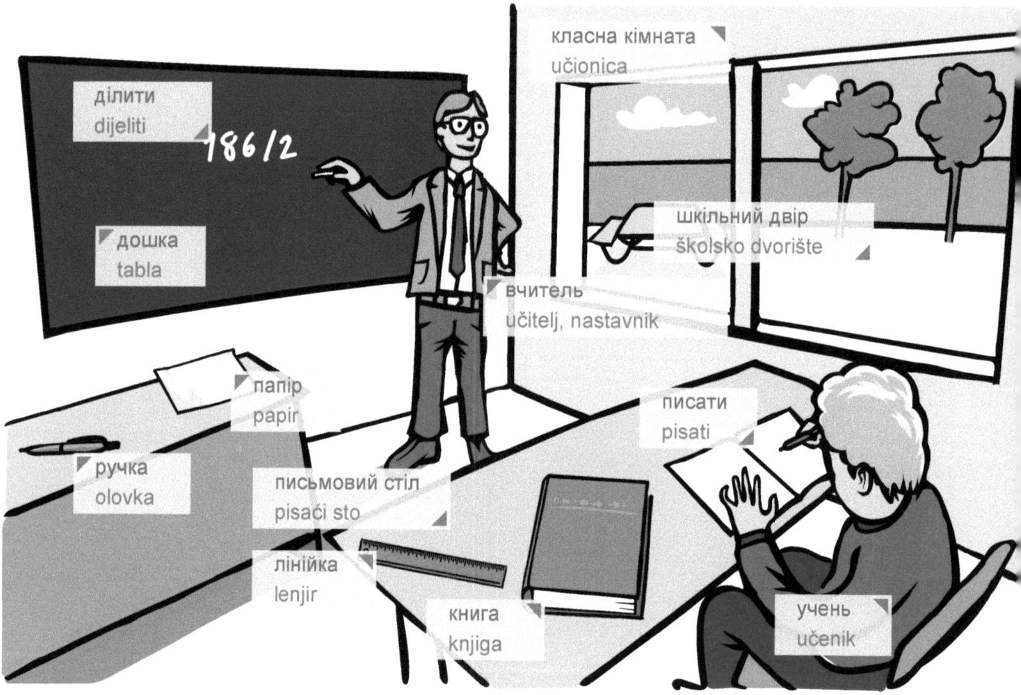
класна кімната
učionica
ділити
dijeliti
186/2
дошка
tabla
шкільний двір
školsko dvorište
вчитель
učitelj, nastavnik
папір
papir
писати
pisati
ручка
olovka
письмовий стіл
pisaći sto
лінійка
lenjir
книга
knjiga
учень
učenik

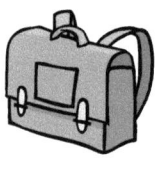

ранець

torba

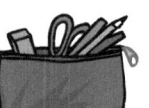

пенал

pernica

олівець

drvena olovka

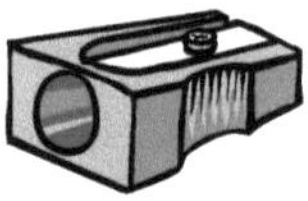

точило

šiljalo za olovke

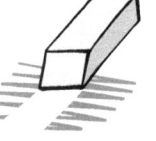

гумка

gumica

альбом для малювання

blok za crtanje

малюнок

crtež

пензель

kist

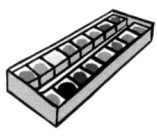

коробка фарб

kutija s bojama

ножиці

makaze

клей

ljepilo

зошит

vježbanka

домашнє завдання

domaća zadaća

число

broj

додавати

sabirati

віднімати

oduzimati

множити

množiti

рахувати

računati

літера

slovo

абетка

abeceda

слово

riječ

текст
tekst

читати
čitati

крейда
kreda

година
sat

класний журнал
školski dnevnik

екзамен
ispit

диплом
svjedočanstvo

шкільна форма
školska uniforma

освіта
izobrazba

лексикон
leksikon

університет
univerzitet

мікроскоп
mikroskop

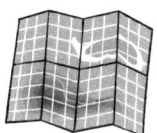

карта
karta

кошик для паперу
korpa za papir

подорож
putovanje

готель
hotel
Grand
турбаза
hostel
ROOMS
обмінний пункт
mjenjačnica
валіза
kofer
автомобіль
auto

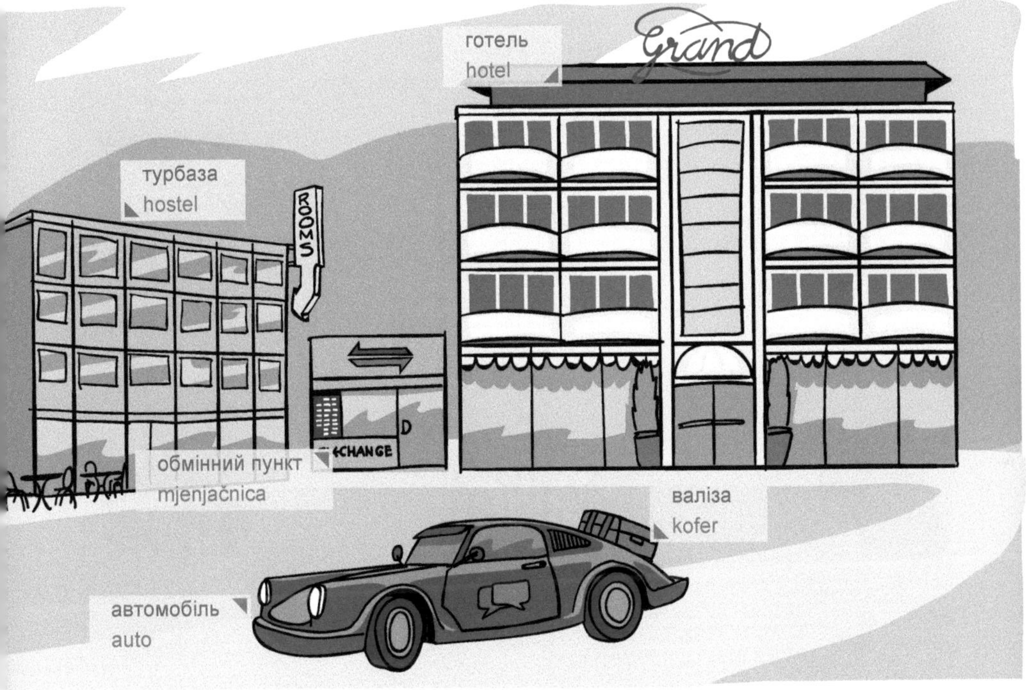

мова

jezik

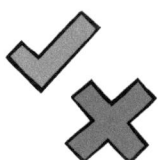

так / ні

da / ne

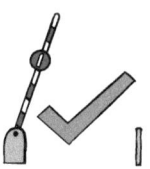

добре

okej

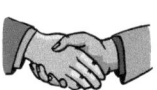

привіт

zdravo

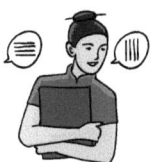

перекладач

tumač

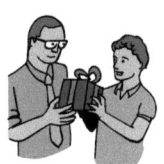

дякую

hvala

Скільки коштує ...?

Koliko košta...?

Я не розумію

Ne razumijem

проблема

problem

Добрий вечір!

dobro veče!

Доброго ранку!

Dobro jutro!

На добраніч!

Laku noć!

До побачення

doviđenja

напрямок

smjer

багаж

prtljag

сумка

torba

рюкзак

ruksak

гість

gost

кімната

soba

спальний мішок

vreća za spavanje

намет

šator

подорож - putovanje

туристична інформація

turističke informacije

пляж

plaža

кредитна картка

kreditna kartica

сніданок

doručak

обід

ručak

вечеря

večera

квиток

putna karta

ліфт

lift

поштова марка

poštanska markica

межа

granica

митниця

carina

посольство

ambasada

віза

viza

паспорт

pasoš

подорож - putovanje

транспорт
transport

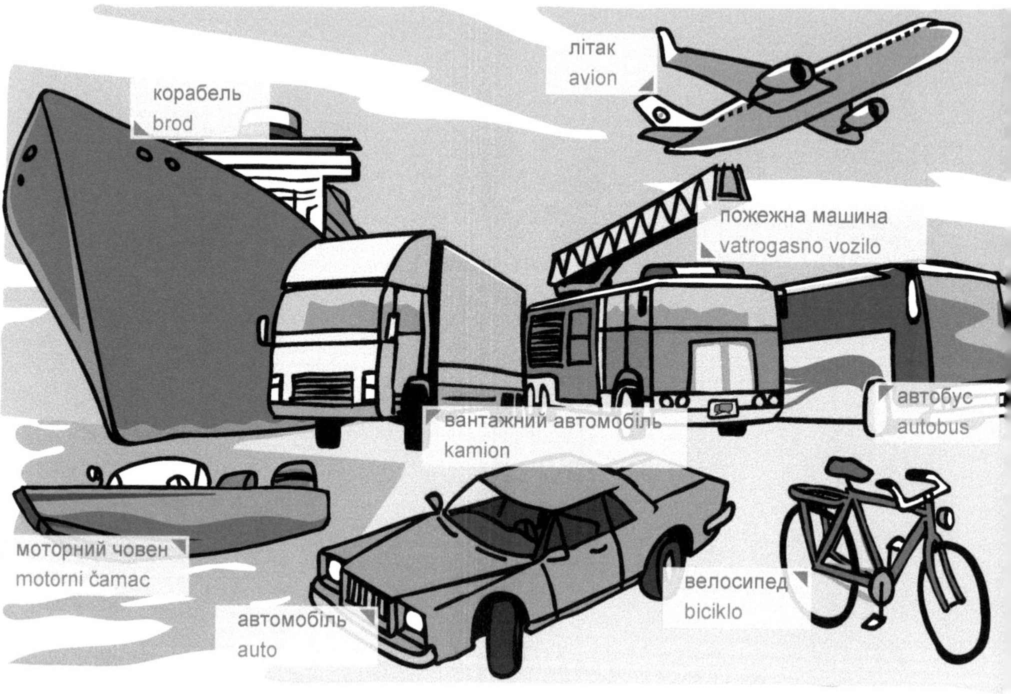
літак
avion
корабель
brod
пожежна машина
vatrogasno vozilo
автобус
autobus
вантажний автомобіль
kamion
моторний човен
motorni čamac
велосипед
biciklo
автомобіль
auto

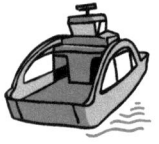

пором

trajekt

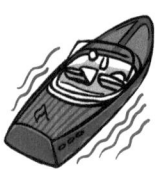

човен

brod

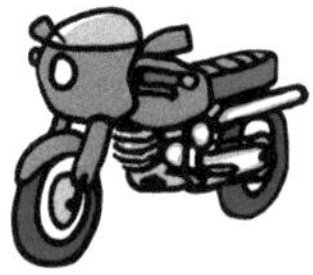

мотоцикл

motocikl

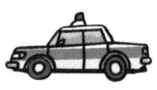

поліцейська машина

policijski automobil

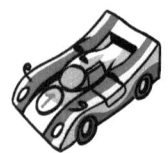

гоночний автомобіль

trkaći automobil

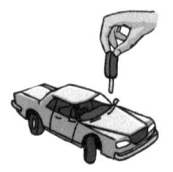

автомобіль на прокат

unajmljeni automobil

ільне користування авто
kar-šering

евакуатор
pauk

сміттєвоз
smećarsko vozilo

двигун
motor

паливо
gorivo

автозаправна станція
benzinska pumpa

дорожній знак
saobraćajni znak

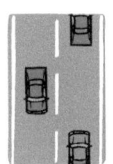

рух
saobraćaj

затор
zastoj

стоянка
parking

вокзал
željeznička stanica

рейки
šine

потяг
voz

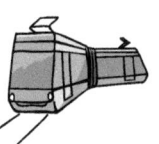

трамвай
tramvaj

вагон
vagon

гелікоптер

helikopter

аеропорт

aerodrom

вежа

toranj

пасажир

putnik

контейнер

kontejner

коробка

karton

візок

tačke

кошик

korpa

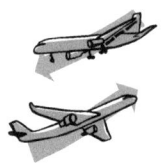

стартувати / приземлятися

poletjeti / sletjeti

місто

grad

село

selo

центр міста

centar grada

дім

kuća

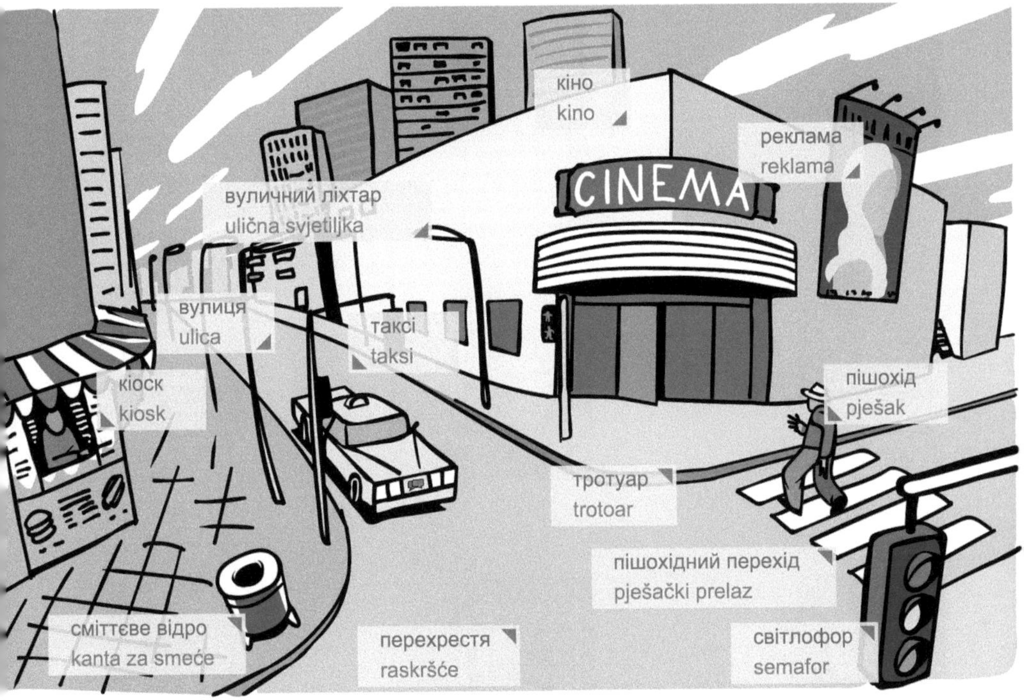

кіно
kino

реклама
reklama

вуличний ліхтар
ulična svjetiljka

CINEMA

вулиця
ulica

таксі
taksi

пішохід
pješak

кіоск
kiosk

тротуар
trotoar

пішохідний перехід
pješački prelaz

сміттєве відро
kanta za smeće

перехрестя
raskršće

світлофор
semafor

хатина

koliba

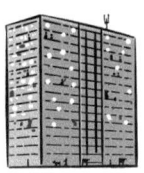

квартира

stan

вокзал

željeznička stanica

ратуша

vjećnica

музей

muzej

школа

škola

університет

univerzitet

банк

banka

лікарня

bolnica

готель

hotel

аптека

apoteka

офіс

ured

книжковий магазин

knjižara

магазин

radnja

квітковий магазин

cvjećara

супермаркет

supermarket

ринок

pijaca

універмаг

robna kuća

торговець рибою

prodavač ribe

торговельний центр

trgovački centar

гавань

luka

місто - grad

парк
park

лава
klupa

міст
most

сходи
stepenice

метро
podzemna željeznica

тунель
tunel

автобусна зупинка
autobuska stanica

бар
bar

ресторан
restoran

поштова скринька
poštanski sandučić

вулична табличка
saobraćajni znak

лічильник паркування
sat za naplatu parkinga

зоопарк
zoološki vrt

басейн
bazen

мечеть
džamija

ферма

seosko imanje

забруднення навколишнього середовища

zagađenje okoline

кладовище

groblje

церква

crkva

дитячий майданчик

igralište

храм

hram

ландшафт
krajolik

листок
list

вказівний стовп
putokaz

шлях
putokaz

луг
livada

камінь
kamen

дерево
drvo

мандрівник
putnik

річка
rijeka

трава
trava

квітка
cvijet

долина
dolina

гора
brdo

озеро
jezero

ліс
šuma

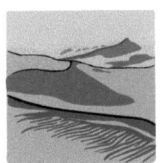

пустеля
pustinja

вулкан
vulkan

замок
dvorac

веселка
duga

гриб
gljiva

пальма
palma

комар
komarac

муха
muha

мурашка
mrav

бджола
pčela

павук
pauk

жук

buba

жаба

žaba

вивірка

vjeverica

їжак

jež

заєць

zec

сова

sova

птах

ptica

лебідь

labud

кабан

divlja svinja

олень

jelen

лось

los

гребля

brana

вітряк

vjetrenjača

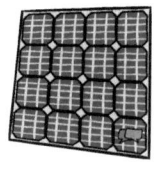

сонячний модуль

solarni modul

клімат

klima

ресторан

restoran

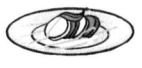

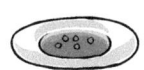

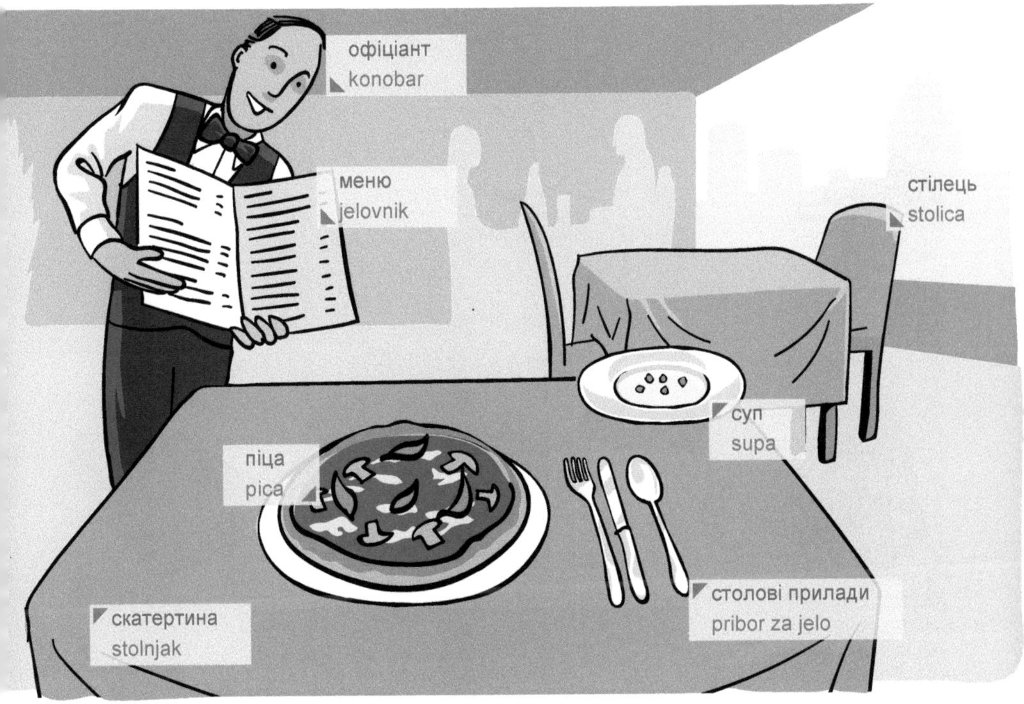

офіціант
konobar
меню
jelovnik
стілець
stolica
суп
supa
піца
pica
столові прилади
pribor za jelo
скатертина
stolnjak

закуска

predjelo

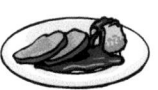

друга страва

glavno jelo

десерт

desert

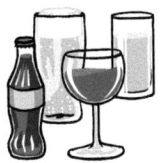

напої

piće

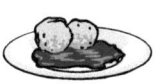

їжа

jelo

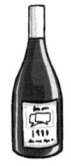

пляшка

flaša

фаст-фуд

brza hrana

вулична їжа

jelo sa ulice

чайник

čajnik

цукорниця

šećernica

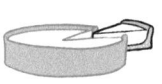

порція

porcija

еспресо-машина

mašina za espreso

високий стільчик

barska stolica

рахунок

račun

піднос

tacna

ніж

nož

вилка

viljuška

ложка

kašika

чайна ложка

kašičica

серветка

salveta

склянка

čaša

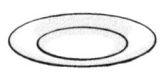

тарілка

tanjir

тарілка для супу

tanjir za supu

блюдце

tanjurić

соус

sos

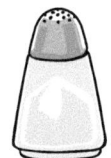

солонка

solanik

млин для перцю

mlin za biber

оцет

sirće

масло

ulje

спеції

začini

кетчуп

kečap

гірчиця

senf

майонез

majoneza

супермаркет
supermarket

пропозиція
ponuda
FOR
клієнт
klijent
молочні продукти
mliječni proizvodi
фрукти
voće
візок для покупок
kolica za kupovinu

BUTCHERS

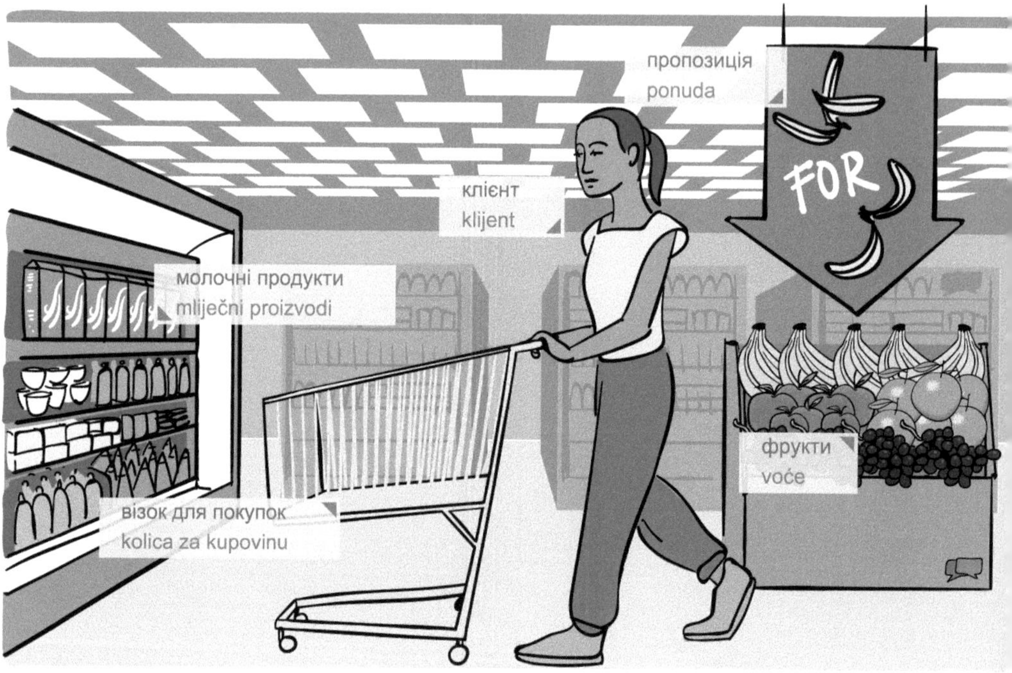

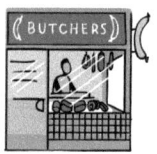

м'ясний магазин

mesnica- klaonica

BAKERY

пекарня

pekara

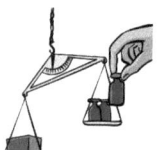

зважувати

vagati

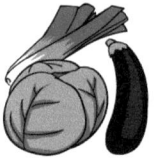

овочі

povrće

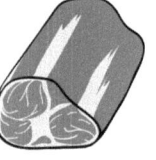

м'ясо

meso

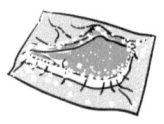

заморожені продукти

zaleđena hrana

ковбасна нарізка

narezak

консерви

konzerve

пральний порошок

prašak za veš

солодощі

slatkiši

предмети домашнього побуту

kućanski proizvodi

мийний засіб

sredstvo za čišćenje

продавщиця

prodavačica

каса

kasa

касир

blagajnik

список покупок

lista za kupovinu

часи роботи

radno vrijeme

гаманець

novčanik

кредитна картка

kreditna kartica

сумка

torba

поліетиленовий пакет

najlonska vrećica

вода

voda

сік

sok

молоко

mlijeko

кола

kola

вино

vino

пиво

pivo

алкоголь

alkohol

какао

kakao

чай

čaj

кава

kafa

еспресо

espreso

капучіно

kapućino

банан

banana

яблуко

jabuka

апельсин

narandža

кавун

lubenica

лимон

limun

морква

mrkva

часник

bijeli luk

бамбук

bambus

цибуля

crveni luk

гриб

gljiva

горішки

orašasti plodovi

локшина

pasta

спагеті

špagete

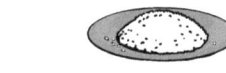

рис

riža

салат

salata

картопля фрі

pomfrit

смажена картопля

pečeni krompir

піца

pica

гамбургер

hamburger

бутерброд

sendvič

шніцель

šnicla

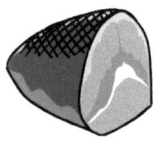

шинка

šunka

салямі

kobasica

ковбаса

kobasica

курка

kokoš

печеня

pečenje

риба

riba

їжа - jelo

вівсяні пластівці

zobene pahuljice

мюслі

muzli

кукурудзяні пластівці

kornfleks

борошно

brašno

круасан

kroason

булочка

zemičke

хліб

kruh

тостовий хліб

tost

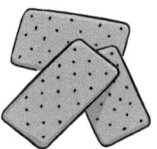

печиво

keksi

масло

maslac

сир

svježi sir

пиріг

kolač

яйце

jaje

яєчня

jaje na oko

сир

sir

морозиво

sladoled

цукор

šećer

мед

med

мармелад

marmelada

нуга-крем

nugat krema

карі

kuri

їжа - jelo

ферма

seosko imanje

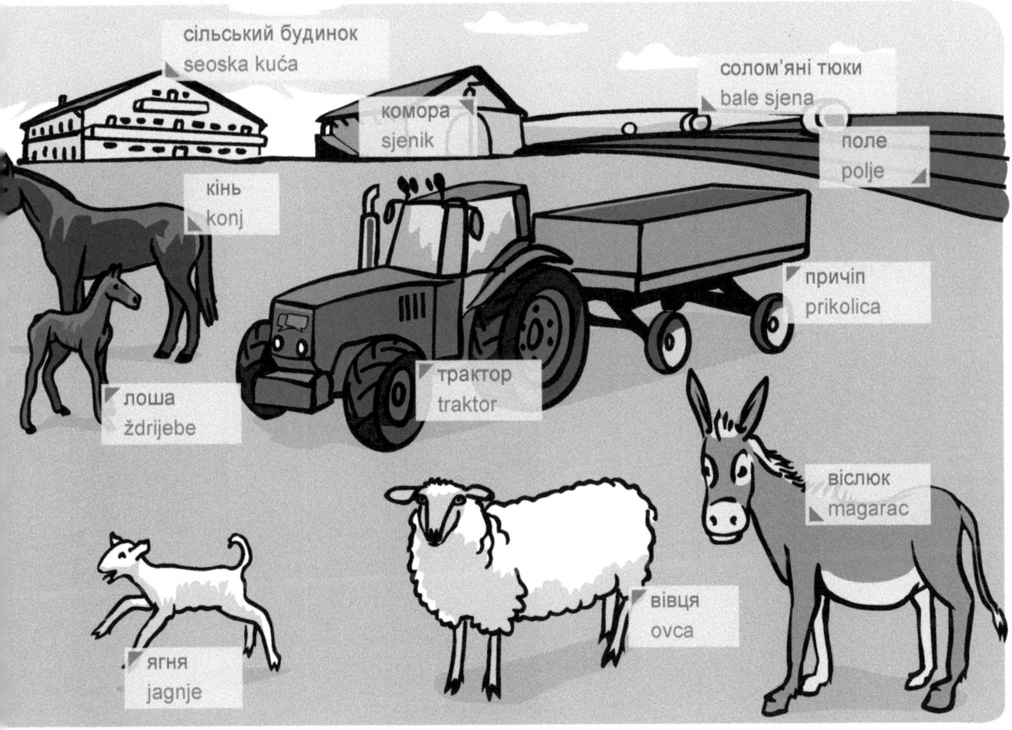

сільський будинок
seoska kuća
комора
sjenik
солом'яні тюки
bale sjena
поле
polje
кінь
konj
причіп
prikolica
трактор
traktor
лоша
ždrijebe
віслюк
magarac
вівця
ovca
ягня
jagnje

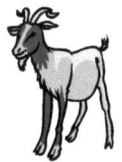

коза

koza

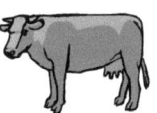

корова

krava

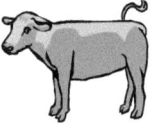

теля

tele

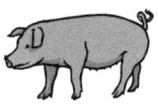

свиня

svinja

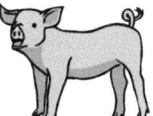

порося

prase

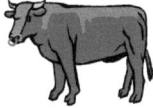

бик

bik

гусак
guska

качка
patka

курча
pile

курка
kokoška

півень
pjetao

щур
pacov

кіт
mačka

миша
miš

віл
vol

собака
pas

собача будка
pseća kućica

садовий шланг
crijevo za baštu

лійка
kanta za zalijevanje

коса
kosa

плуг
plug

ферма - seosko imanje

серп

srp

мотика

motika

вила

vile

сокира

sjekira

тачка

tačke

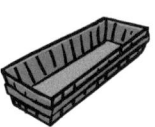

корито

korito

бідон молока

bokal za mlijeko

мішок

vreća

паркан

ograda

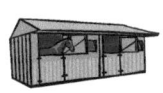

хлів

štala

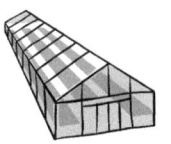

теплиця

staklenik

ґрунт

tlo

насіння

sjeme

добриво

đubrivo

комбайн

kombajn

ферма - seosko imanje

29

пожинати

kositi

урожай

žetva

корінь ямсу

jam korijen

пшениця

pšenica

соя

soja

картопля

krompir

кукурудза

kukuruz

ріпак

uljana repica

плодове дерево

drvo voća

маніок

manioka

злаки

žito

дім
kuća

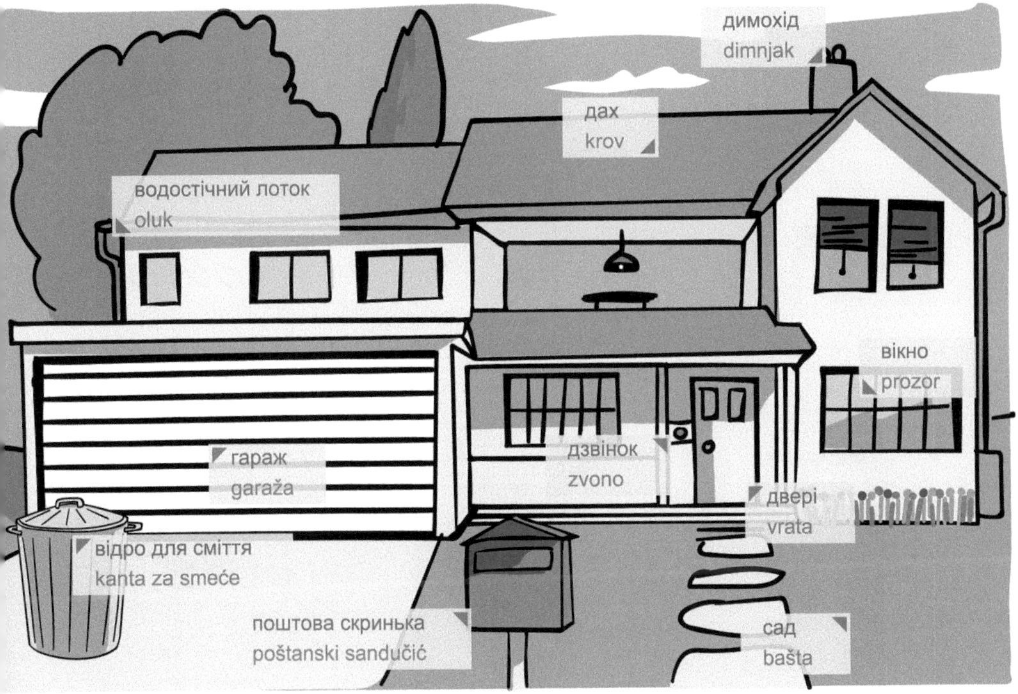
димохід
dimnjak
дах
krov
водостічний лоток
oluk
вікно
prozor
гараж
garaža
дзвінок
zvono
двері
vrata
відро для сміття
kanta za smeće
поштова скринька
poštanski sandučić
сад
bašta

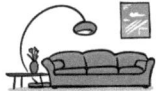

вітальня

dnevni boravak

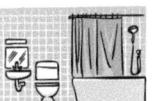

ванна кімната

kupatilo

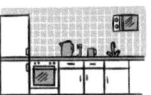

кухня

kuhinja

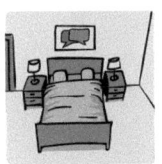

спальня

spavaća soba

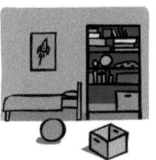

дитяча кімната

dječija soba

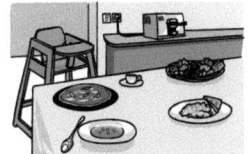

їдальня

trpezarija

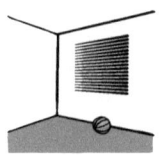

підлога

pod, tlo

стіна

zid

стеля

plafon

підвал

podrum

сауна

sauna

балкон

balkon

тераса

terasa

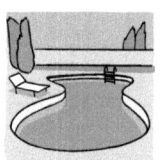

басейн

bazen

косарка

kosilica

простирало

posteljina

ковдра

pokrivač

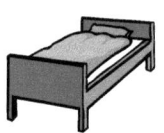

ліжко

krevet

мітла

metla

відро

kanta

перемикач

prekidač

вітальня
dnevni boravak

шпалери
tapeta
малюнок
fotografija
лампа
lampa
поличка
polica
шафа
ormar
телевізор
televizija
камін
dimnjak
квітка
cvijet
подушка
jastuk
диван
kauč
ваза
vaza
пульт
daljinski upravljač

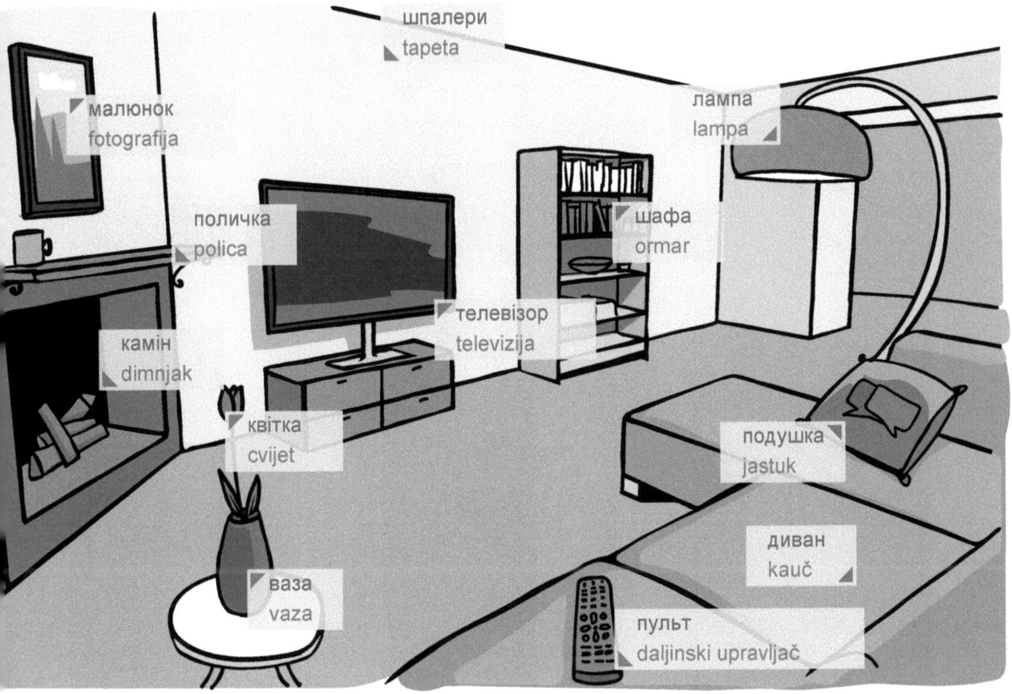

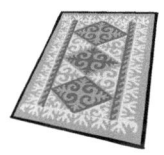

килим
tepih

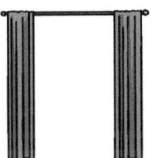

завіса
zavjesa

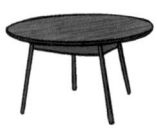

стіл
stol

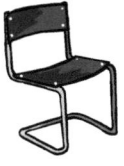

стілець
stolica

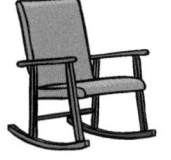

крісло-гойдалка
stolica za ljuljanje

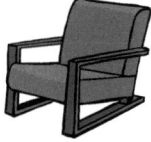

крісло
fotelja

книга
knjiga

ковдра
deka

прикраса
dekoracija

дрова
ložno drvo

фільм
film

стереосистема
stereo uređaj

ключ
ključ

газета
novine

картина
umjetnička slika

плакат
poster

радіо
radio

блокнот
blok za bilješke

пилосос
usisavač

кактус
kaktus

свічка
svijeća

кухня
kuhinja

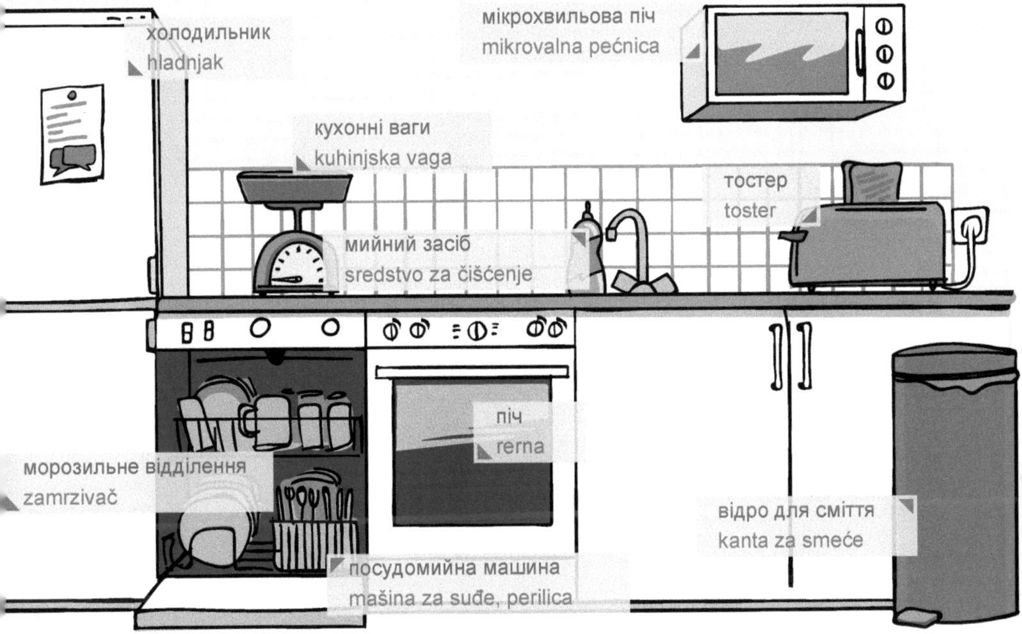
холодильник
hladnjak
мікрохвильова піч
mikrovalna pećnica
кухонні ваги
kuhinjska vaga
тостер
toster
мийний засіб
sredstvo za čišćenje
піч
rerna
морозильне відділення
zamrzivač
відро для сміття
kanta za smeće
посудомийна машина
mašina za suđe, perilica

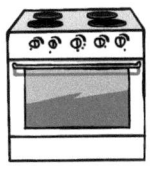

плита

peć

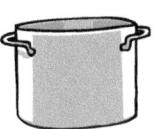

горщик

lonac

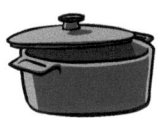

чавунний горщик

metalni lonac

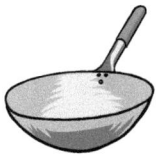

вок / кадай

vok / kadai

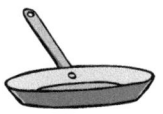

сковорода

tava, tiganj

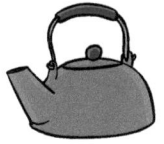

чайник

kuhalo

пароварка

aparat za kuhanje na pari

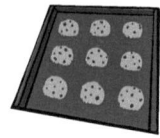

лист

lim za pečenje

посуд

posuđe

кухоль

šalica

чаша

činija

палички для їжі

kineski štapići

черпак

kutlača

лопатка

lopatica

вінчик для збивання

metlica za snijeg bjelanjca

сито

sito za kuhanje

сито

sito

терка

ribež

ступка

avan s tučkom

барбекю

roštilj

багаття

ložište

дошка
daska

качалка
oklagija

штопор
vadičep

конзерва
konzerva

відкривачка
otvarač za konzerve

прихватки
krpe za lonac

раковина
sudoper

щітка
četka

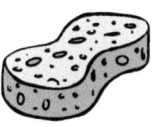

губка
spužva

міксер
mikser

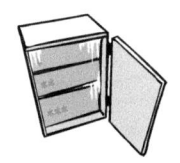

морозильна камера
zamrzivač

дитяча пляшка
flašica za bebu

кран
slavina

ванна кімната
kupatilo

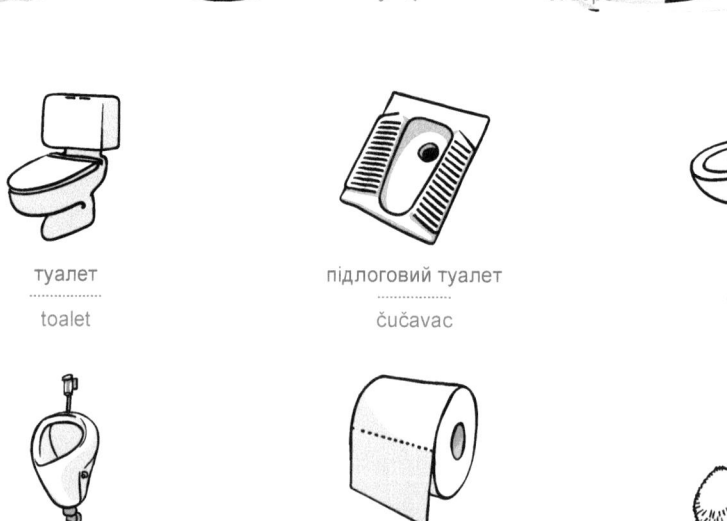

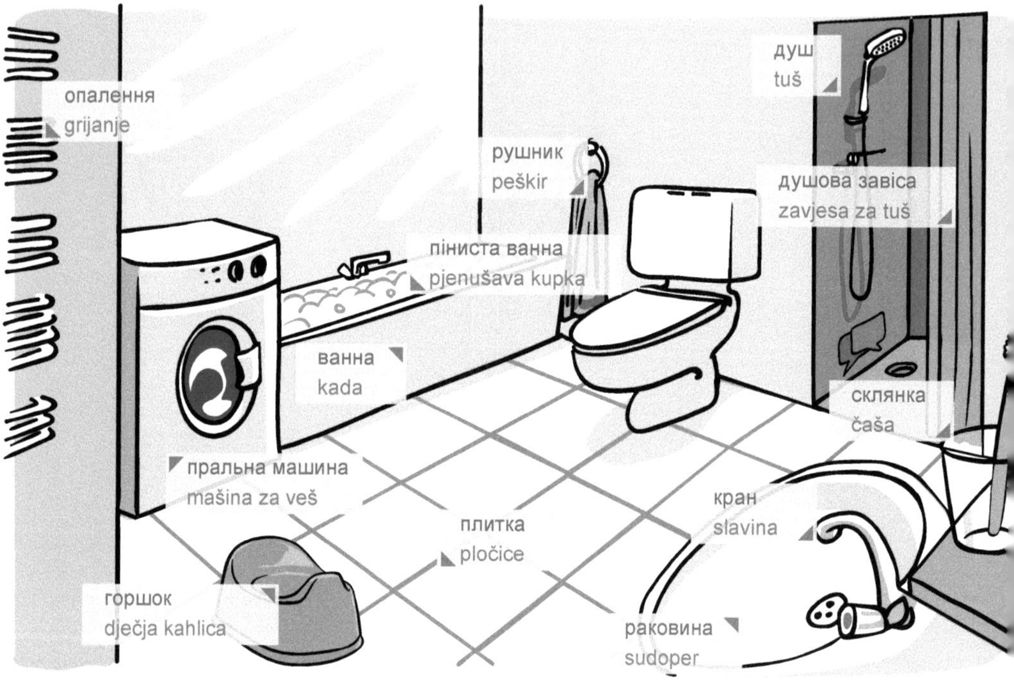

опалення
grijanje
душ
tuš
рушник
peškir
душова завіса
zavjesa za tuš
пініста ванна
pjenušava kupka
ванна
kada
склянка
čaša
пральна машина
mašina za veš
кран
slavina
плитка
pločice
горшок
dječja kahlica
раковина
sudoper

туалет

toalet

підлоговий туалет

čučavac

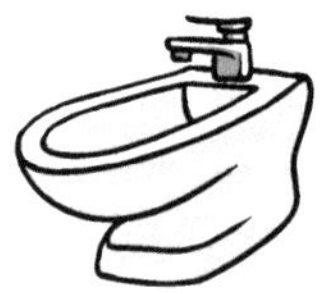

біде

bide

пісуар

pisoar

туалетний папір

toalet papir

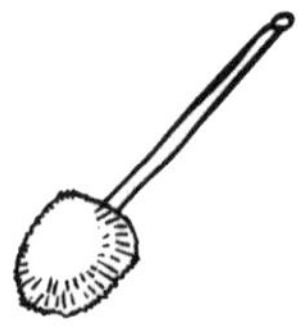

щітка для туалету

četka za wc

зубна щітка

četkica za zube

зубна паста

pasta za zube

нитка для чищення зубів

zubni konac

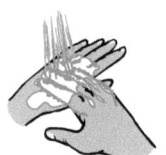

мити

prati

ручний душ

tuš

інтимний душ

intimni tuš

таз

lavor

щітка для спини

četka za leđa

мило

sapun

гель для душу

gel za tuširanje

шампунь

šampon

мочалка

krpe za pranje

водостік

odvod

крем

krema

дезодорант

dezodorans

дзеркало

ogledalo

косметичне дзеркало

ogledalo za šminkanje

бритва

brijač

піна для гоління

pjena za brijanje

лосьйон після гоління

vodica poslije brijanja

гребінь

češalj

щітка

četka

фен

fen

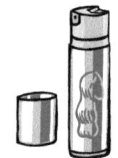

лак для волосся

sprej za kosu

косметика

puder

губна помада

karmin

лак для нігтів

lak za nokte

вата

vata

ножиці для нігтів

makazice za nokte

парфум

parfem

косметичка

kozmetička torbica

табурет

hoklica

ваги

vaga

халат

kupaći ogrtač

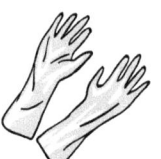

гумові рукавички

rukavice za čišćenje

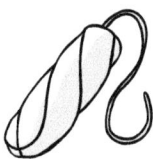

тампон

tampon

гігієнічні прокладки

uložak za dame

біотуалет

hemijski toalet

дитяча кімната

dječija soba

будильник
budilnik
м'яка іграшка
plišana igračka
іграшковий автомобіль
auto za igru
брязкальце
zvečka
ляльковий будиночок
kućica za lutke
подарунок
poklon

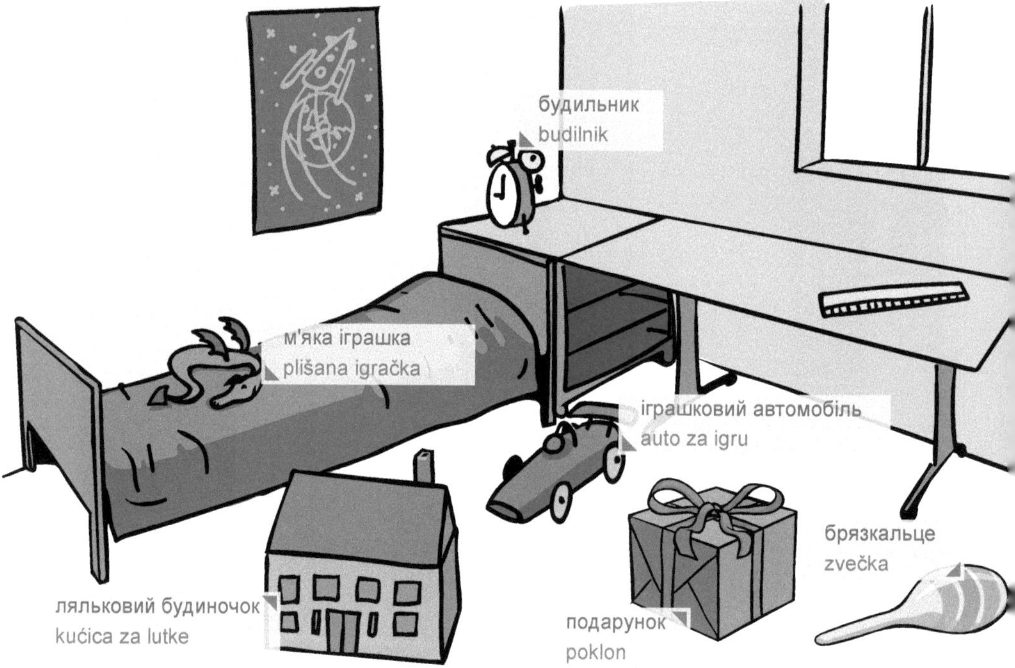

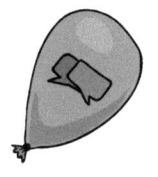

повітряна кулька

balon

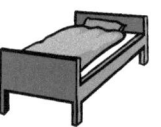

ліжко

krevet

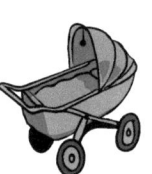

дитячий візок

kolica za djecu

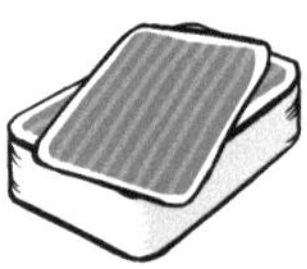

картярська гра

karte za igranje

пазл

puzle

SUPER MEGA

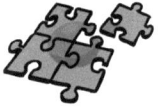

комікс

strip

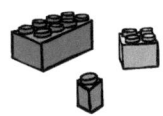

лего цеглинки

lego kockice

блоки

kockice za gradnju

іграшкова фігурка

akcione figure

повзунки

benkica

фризбі

frizbi

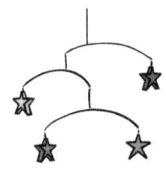

мобіле

mobile

настільна гра

igra na ploči

кубик

kocka

модель залізнична станція

miniatura željeznice

соска

cucla

вечірка

zabava

книжка з картинками

slikovnica

м'яч

lopta

лялька

lutka

грати

igrati

пісочниця

pješćanik

гойдалка

ljuljačka

іграшка

igračke

гральна консоль

konzola za igru

триколісний велосипед

triciklo

плюшевий мішка

medvjedić

шафа

ormar

одяг

odjeća

шкарпетки

kratke čarape

панчохи

čarape

колготки

hulahopke

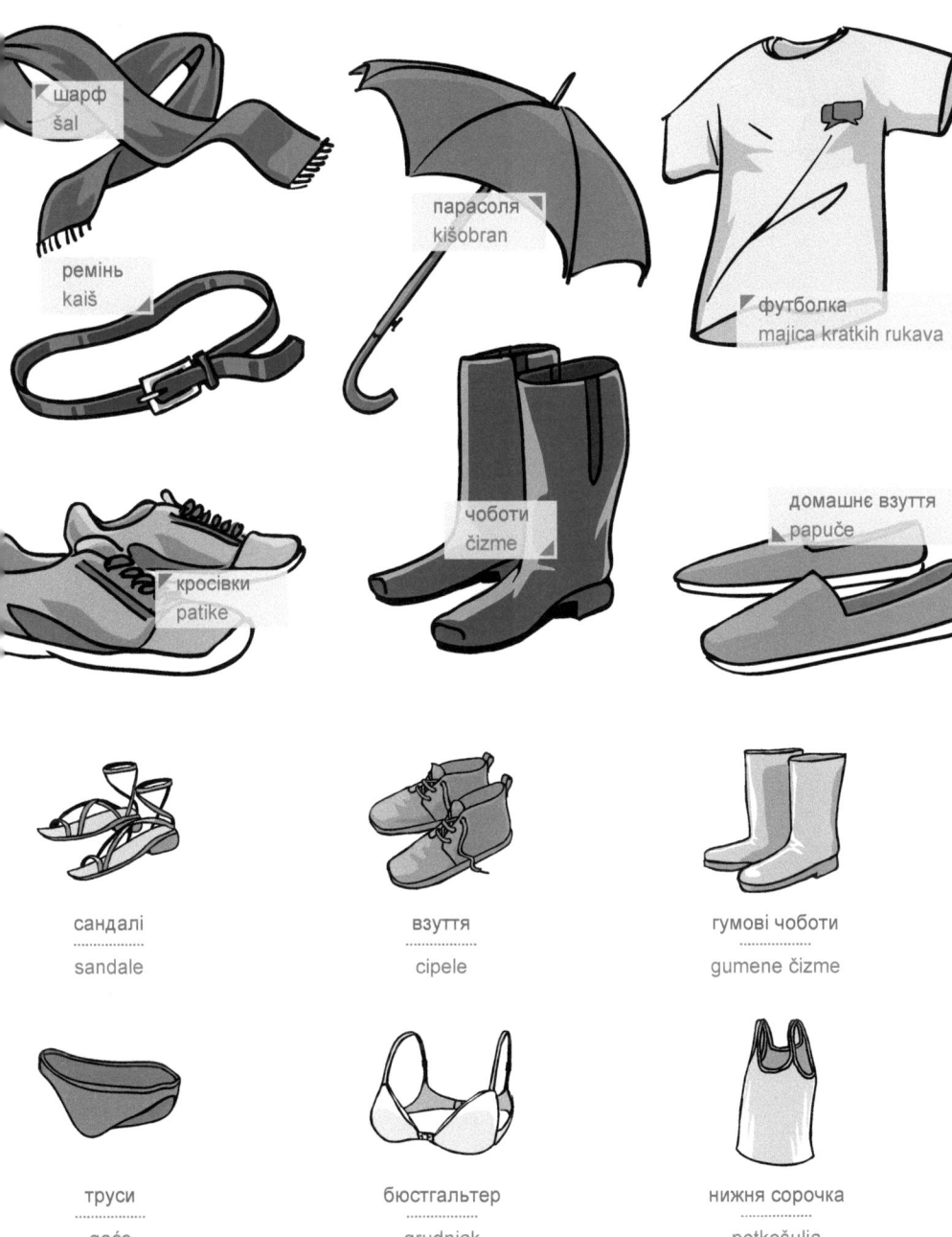

шарф
šal

ремінь
kaiš

парасоля
kišobran

футболка
majica kratkih rukava

чоботи
čizme

домашнє взуття
papuče

кросівки
patike

сандалі
sandale

взуття
cipele

гумові чоботи
gumene čizme

труси
gaće

бюстгальтер
grudnjak

нижня сорочка
potkošulja

боді

bodi

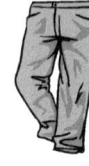

штани

hlače

джинси

farmerke

спідниця

suknja

блузка

bluza

сорочка

košulja

пуловер

džemper

светр

majica

піджак

sako

куртка

jakna

пальто

mantil

дощовик

kišni mantil

костюм

kostim

сукня

haljina

весільна сукня

vjenčanica

костюм

odijelo

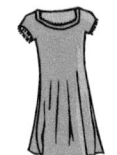

нічна сорочка

spavaćica

піжама

pidžama

сарі

sari

головна хустка

marama

чалма

turban

бурка

burka

кафтан

kaftan

абая

abaja

купальник

kupaći kostim

плавки

kupaće gaće

шорти

kratke hlače

тренувальний костюм

trenerka

фартух

pregača

рукавички

rukavice

гудзик

dugme

окуляри

naočare

браслет

narukvica

ланцюг

ogrlica

кільце

prsten

сережка

naušnica

шапка

kapa

плічка

vješalica

капелюх

šešir

краватка

kravata

застібка-блискавка

patentni zatvarač

шолом

kaciga

підтяжки

tregeri za hlače

шкільна форма

školska uniforma

уніформа

uniforma

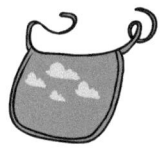

нагрудник

podbradak

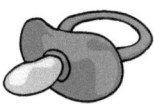

соска

cucla

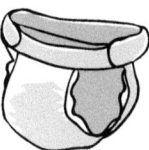

підгузок

pelene

офіс

ured

сервер
server
шаф для документів
ormar za kartoteku
принтер
štampač
папір
papir
монітор
monitor
миша
miš
письмовий стіл
pisaći sto
папка
registrator
синтезатор
tastatura
стілець
stolica
кошик для паперу
korpa za papir
комп'ютер
kompjuter

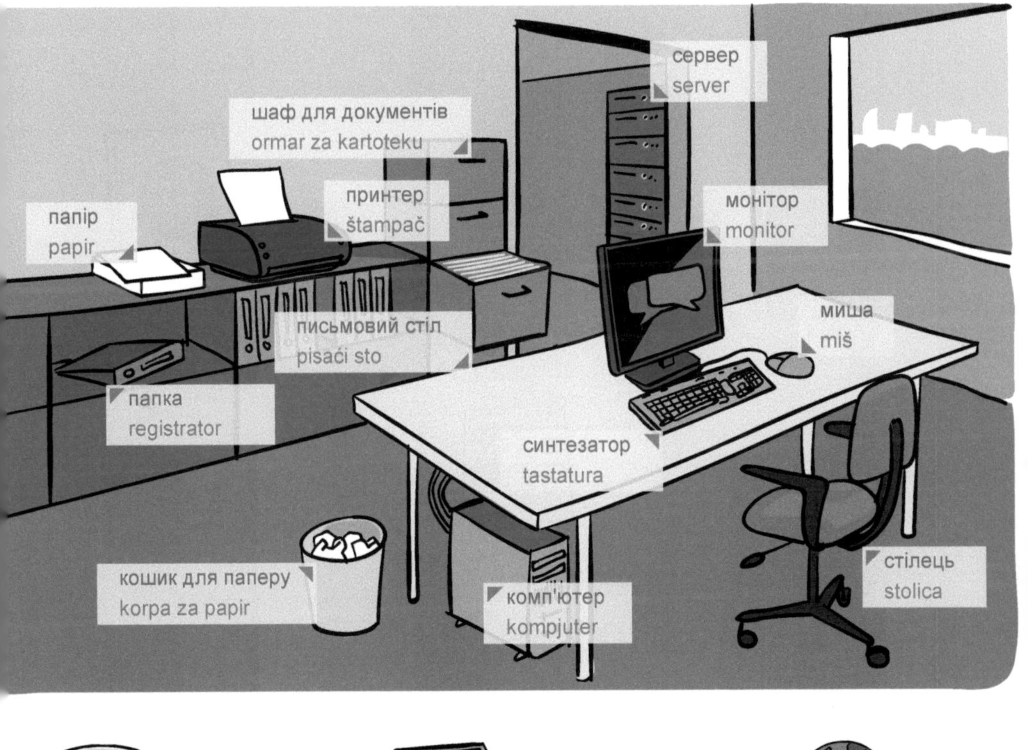

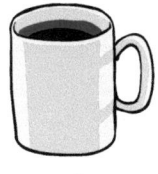

кавовий кухоль

šolja za kafu

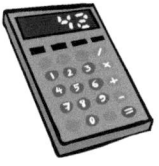

калькулятор

kalkulator

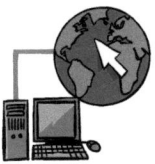

інтернет

internet

ноутбук

laptop

лист

pismo

повідомлення

poruka

мобільний телефон

mobilni telefon

мережа

mreža

копіювальний пристрій

aparat za kopiranje

програмне забезпечення

softver

телефон

telefon

розетка

utičnica

факс

faks

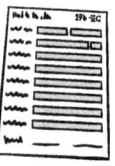

бланк

formular

документ

dokument

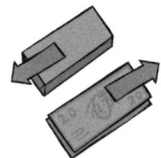

купувати

kupovati

платити

platiti

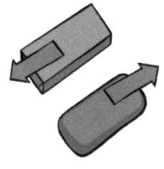

торгувати

trgovati

гроші

novac

долар

dolar

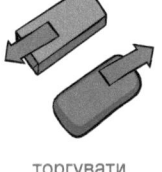 

євро

euro

ієна

jen

рубль

rublja

франк

franak

юанів женьміньбі

renminbi jen

рупія

rupi

банкомат

bankomat

обмінний пункт

mjenjačnica

золото

zlato

срібло

srebro

нафта

nafta

енергія

energija

ціна

cijena

контракт

ugovor

податок

porez

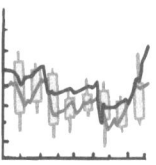

акція

akcija

працювати

raditi

працівник

službenik

роботодавець

poslodavac

фабрика

fabrika

магазин

radnja

поліцейський
policajac

пожежник
vatrogasac

повар
kuhar

лікар
ljekar

пілот
pilot

садівник
baštovan

столяр
stolar

швачка
krojačica

суддя
sudija

хімік
hemičar

актор
glumac

водій автобуса

vozač autobusa

таксист

vozač taksija

рибалка

ribar

прибиральниця

čistačica

покрівельник

krovopokrivač

офіціант

konobar

мисливець

lovac

художник

moler

пекар

pekar

електрик

električar

будівельник

građevinski radnik

інженер

inženjer

забійник

koljač

бляхар

limar, vodoinstalater

листоноша

poštar

солдат

vojnik

архітектор

arhitekta

касир

blagajnik

флорист

cvjećar

перукар

frizer

кондуктор

kontrolor

механік

mehaničar

капітан

kapiten

дантист

zubar

вчений

naučnik

рабин

rabin

імам

imam

монах

monah

пастор

sveštenik

інструменти
alat

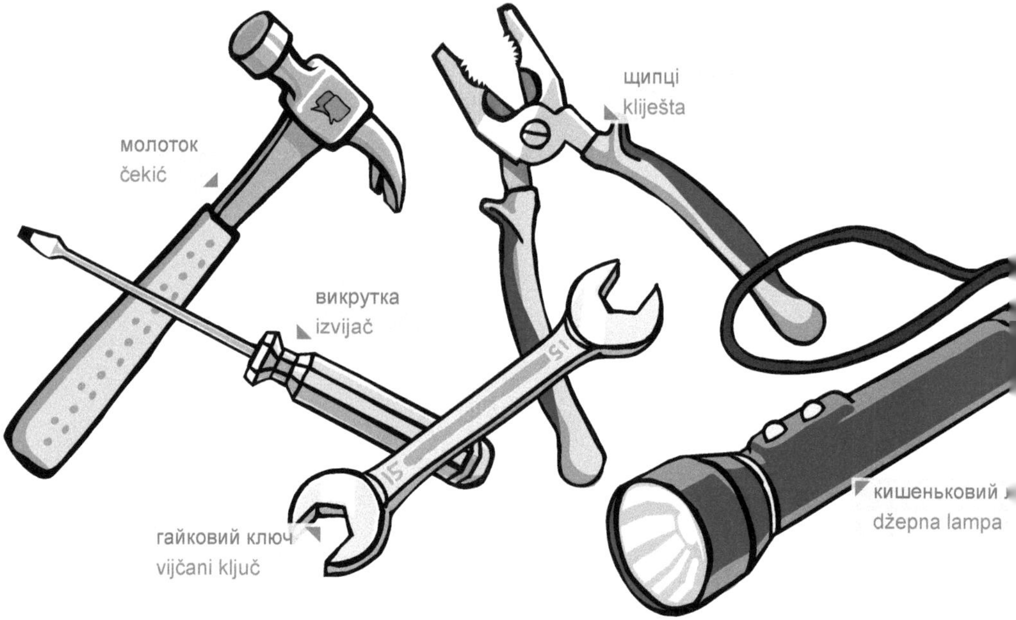
молоток
čekić
щипці
kliješta
викрутка
izvijač
кишеньковий
džepna lampa
гайковий ключ
vijčani ključ

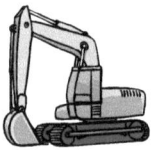

екскаватор

bager

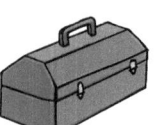

ящик для інструментів

kutija sa alatom

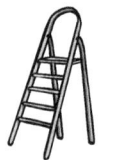

драбина

ljestve

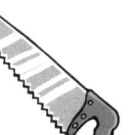

пилка

testera, pila

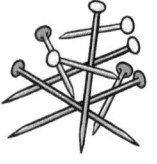

цвяхи

ekser

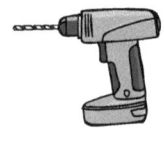

свердло

bušilica

ремонтувати

popraviti

лопата

lopata

лайно!

sranje!

совок

lopatica

відро з фарбою

kanta boje

гвинти

vijak

музичні інструменти
muzički instrumenti

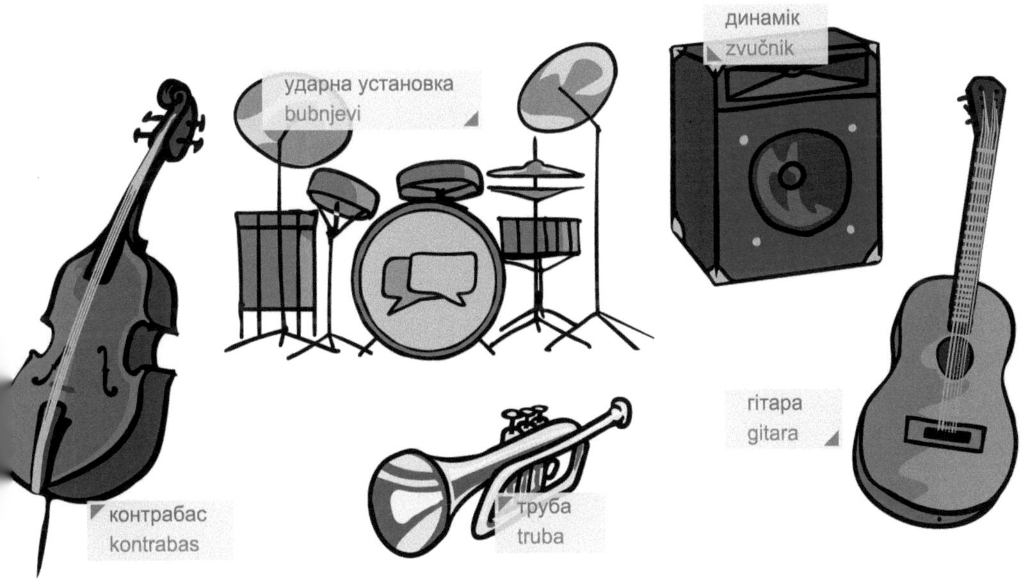

ударна установка
bubnjevi

динамік
zvučnik

контрабас
kontrabas

труба
truba

гітара
gitara

фортепіано

klavir

скрипка

violina

бас

bas

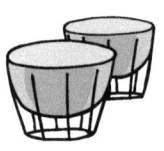

литаври

bubanj timpani

барабан

bubanj

клавіатура

sintisajzer

саксофон

saksofon

флейта

flauta

мікрофон

mikrofon

зоопарк

zološki vrt

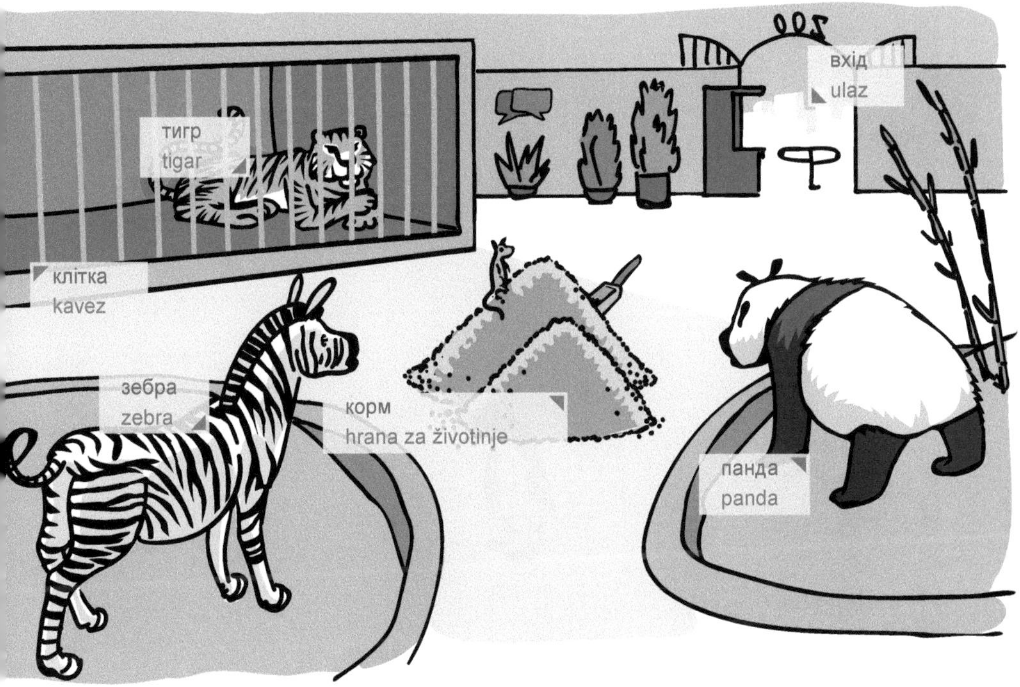

вхід
ulaz
тигр
tigar
клітка
kavez
зебра
zebra
корм
hrana za životinje
панда
panda

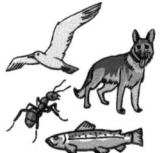

тварини

životinje

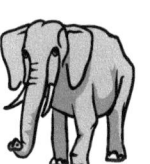

слон

slon

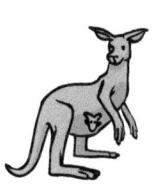

кенгуру

kengur

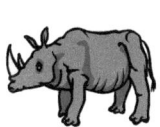

носоріг

nosorog

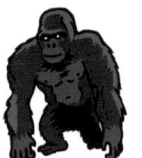

горила

gorila

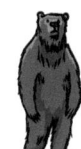

ведмідь

medvjed

верблюд

kamila

страус

noj

лев

lav

мавпа

majmun

фламінго

flamingo

папуга

papagaj

білий ведмідь

polarni medvjed

пінгвін

pingvin

акула

morski pas

павич

paun

змія

zmija

крокодил

krokodil

працівник зоопарку

čuvar u zološkom vrtu

тюлень

tuljan

ягуар

jaguar

зоопарк - zološki vrt

поні
poni

леопард
leopard

гіпопотам
nilski konj

жираф
žirafa

орел
orao

кабан
divlja svinja

риба
riba

черепаха
kornjača

морж
morž

лисиця
lisica

газель
gazela

американський футбол
американський футбол
američki fudbal

їзда на велосипеді
vožnja bicikla

теніс
tenis

баскетбол
košarka

плавання
plivanje

бокс
boks

хокей
hokej na ledu

футбол
fudbal

бадмінтон
bedminton

легка атлетика
laka atletika

гандбол
rukomet

лижні перегони
skijanje

поло
polo

дії
aktivnosti

стрибати
skakati
обіймати
zagrliti
сміятися
smijati se
йти
ići
співати
pjevati
мріяти
sanjati
молитися
moliti
цілувати
ljubiti

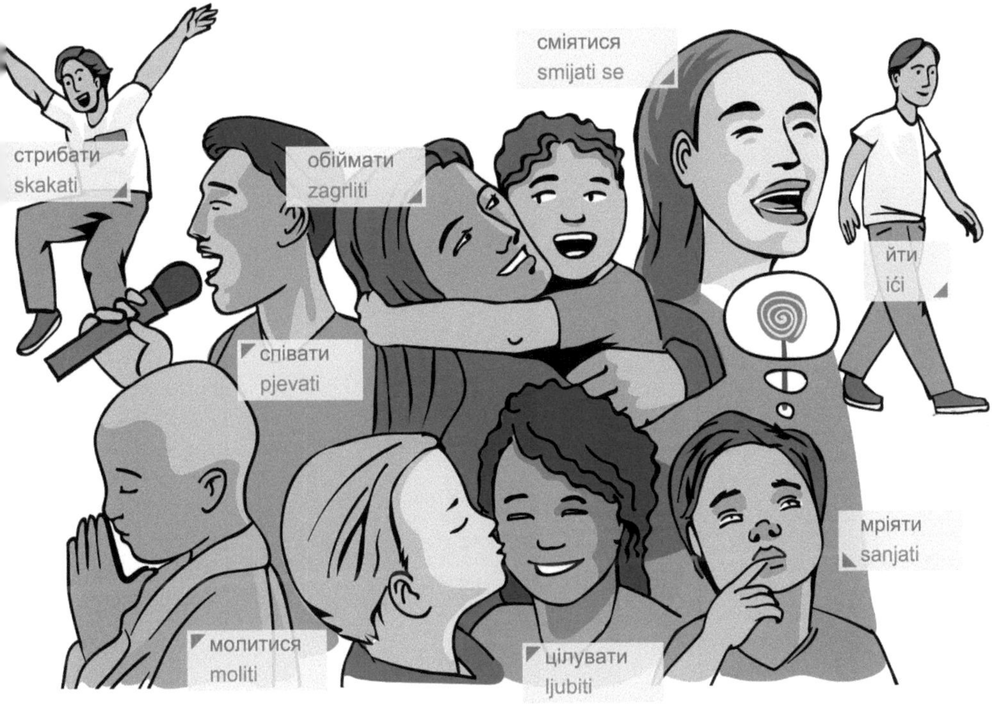

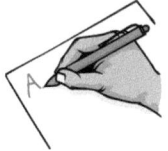

писати

pisati

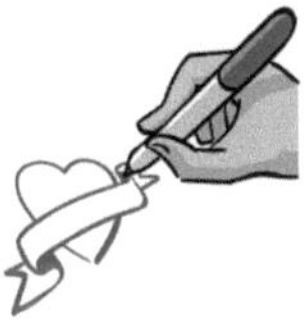

малювати

crtati

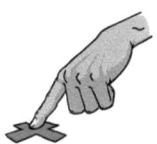

показувати

pokazati

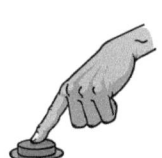

тиснути

gurati

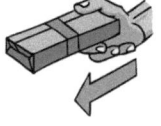

давати

dati

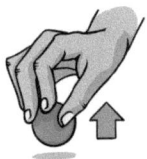

брати

uzeti

мати
imati

робити
raditi

бути
biti

стояти
stajati

бігати
trčati

тягнути
vući

кидати
baciti

падати
pasti

лежати
ležati

очікувати
čekati

носити
nositi

сидіти
sjediti

одягати
obući

спати
spavati

просипатися
probuditi

дивитися

pogledati

плакати

plakati

гладити

milovati

розчісувати

češljati

розмовляти

govoriti

розуміти

razumjeti

питати

pitati

слухати

slušati

пити

piti

їсти

jesti

прибирати

pospremiti

любити

voljeti

варити

kuhati

їхати

voziti

літати

letjeti

йти під вітрилом
jedriti

рахувати
računati

читати
čitati

вчитися
učiti

працювати
raditi

одружуватися
vjenčavti

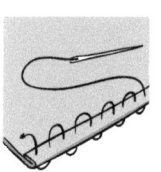

шити
šiti

чистити зуби
prati zube

убивати
ubiti

курити
pušiti

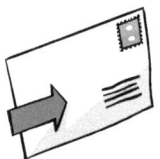

посилати
slati

дії - aktivnosti

сім'я
porodica

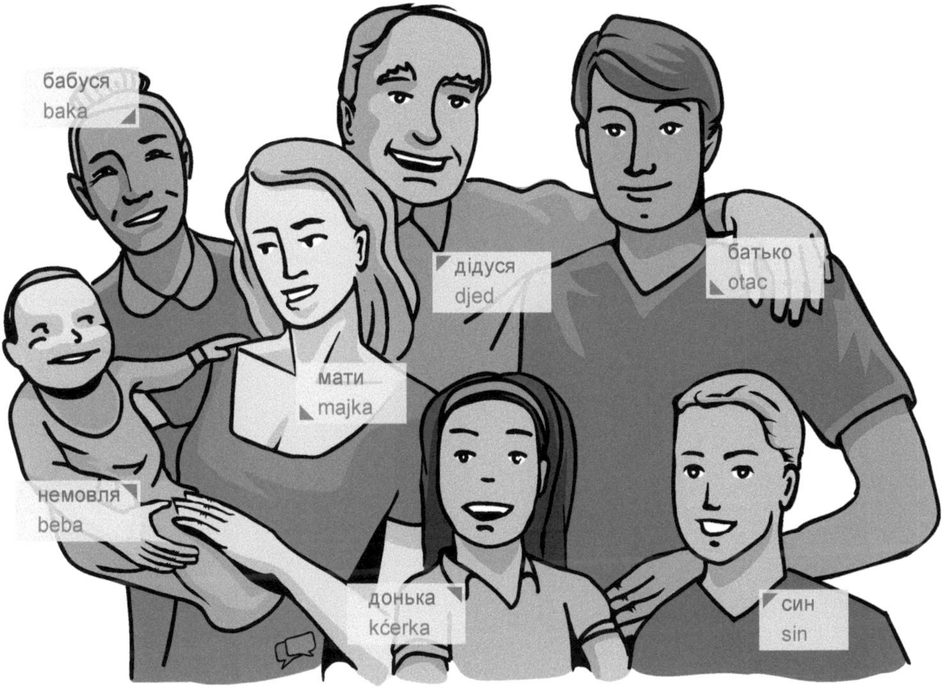
бабуся
baka
дідуся
djed
батько
otac
мати
majka
немовля
beba
донька
kćerka
син
sin

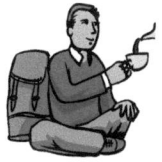

гість

gost

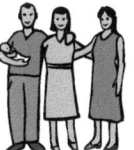

тітка

ujna, tetka, strina

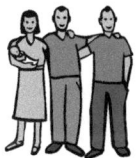

дядько

ujak, tetak, stric

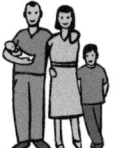

брат

brat

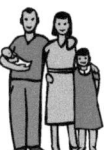

сестра

sestra

Українська	Hrvatski
чоло	čelo
око	oko
плече	leđa
палець	prst
обличчя	lice
підборіддя	brada
кисть	ruka, šaka
нога	noga
груди	grudi
рука	ruka

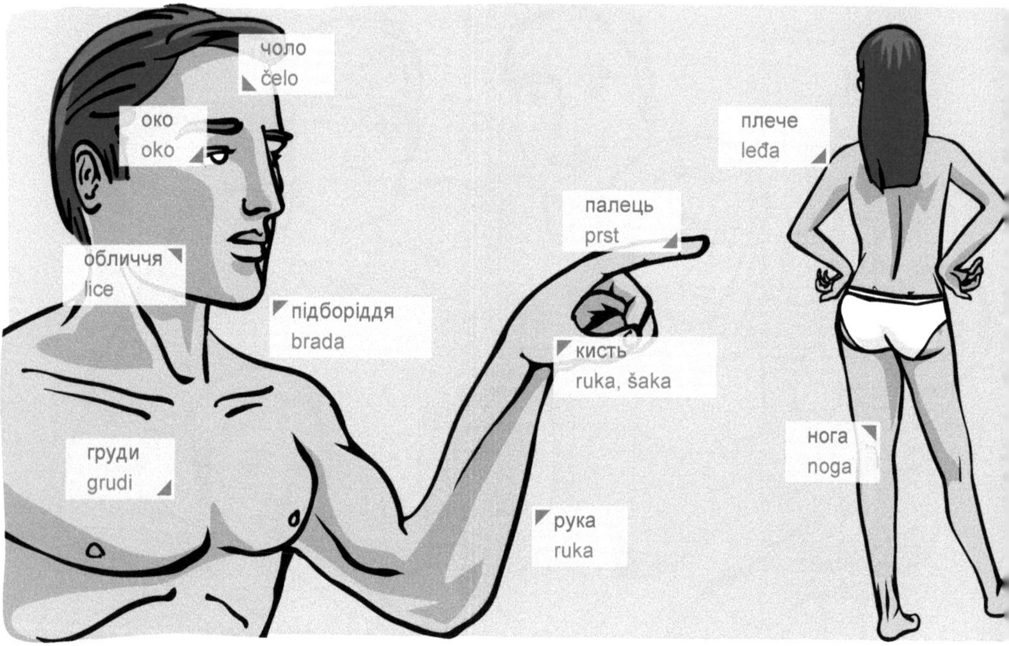

немовля

beba

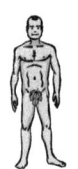

чоловік

muškarac

жінка

žena

дівчина

djevojčica

хлопчик

dječak

голова

glava

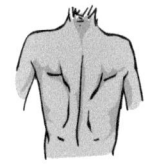

спина
leđa

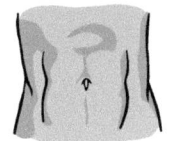

живіт
stomak

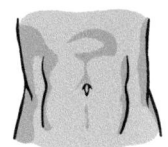

пуп
pupak

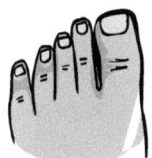

палець ноги
nožni prst

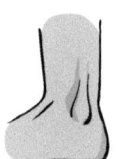

п'ята
peta

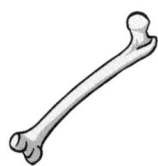

кістка
kosti

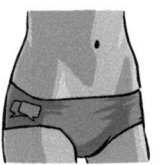

стегно
kuk

коліно
koljeno

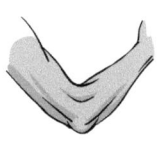

лікоть
lakat

ніс
nos

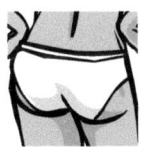

сідниці
stražnjica

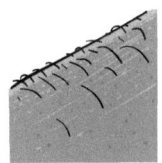

шкіра
koža

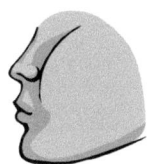

щока
obraz

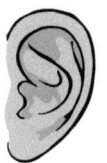

вухо
uho

губа
usna

тіло - tijelo

рот

usta

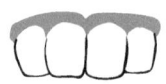

зуб

zub

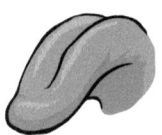

язик

jezik

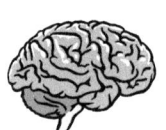

мозок

mozak

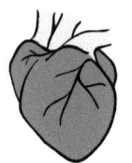

серце

srce

м'яз

mišić

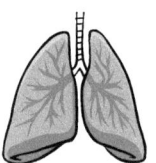

легені

pluća

печінка

jetra

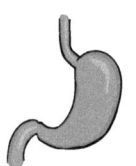

шлунок

želudac

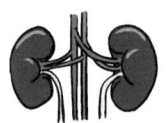

нирки

bubreg

статевий акт

spolni odnos

презерватив

kondom

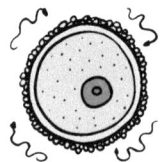

яйцеклітина

jajna ćelija

сперма

sperma

вагітність

trudnoća

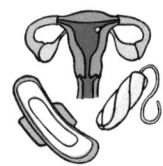

менструація
menstruacija

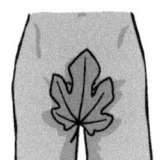

вагіна
vagina

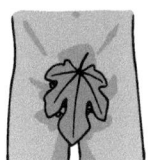

пеніс
penis

брова
obrva

волосся
kosa

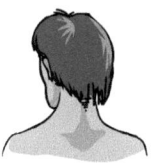

шия
vrat

лікарня
bolnica

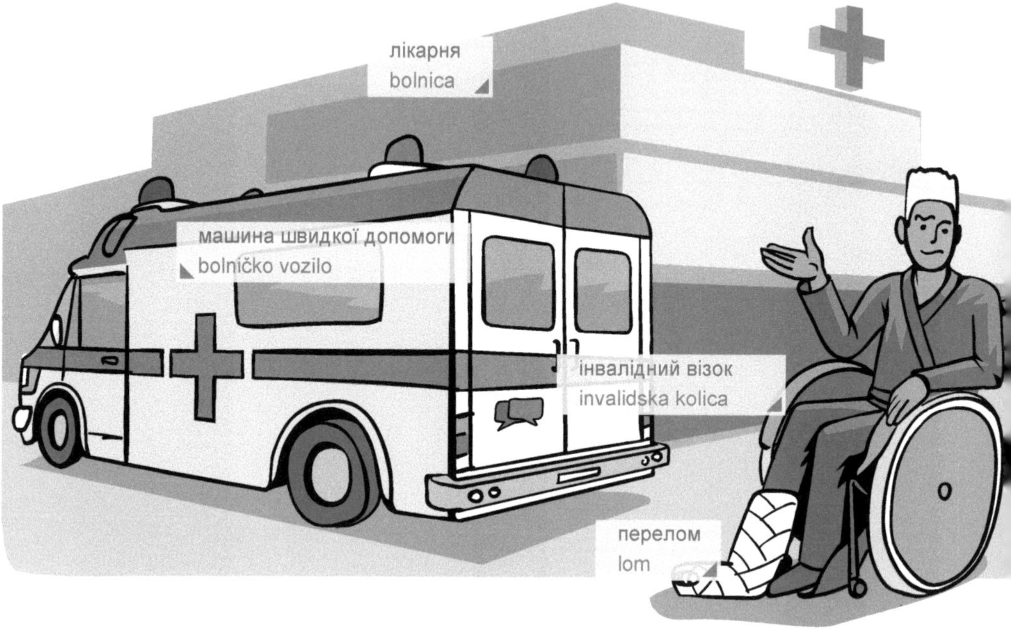

лікарня
bolnica
машина швидкої допомоги
bolničko vozilo
інвалідний візок
invalidska kolica
перелом
lom

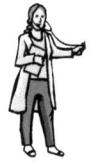

лікар
ljekar

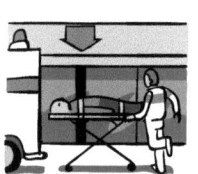

відділення швидкої медичної допомоги
hitna služba

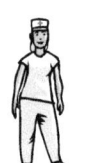

медсестра
medicinska sestra

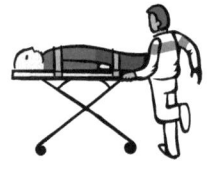

аварійний випадок
hitna pomoć

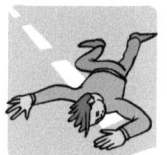

непритомний
nesvjest

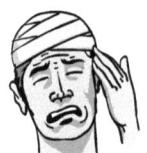

біль
bol

	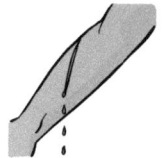	
травма povreda	кровотеча krvarenje	інфаркт srčani udar, infarkt

інсульт moždani udar	алергія alergija	кашель kašalj

лихоманка groznica	грип gripa	пронос proljev
		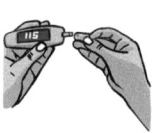
головна біль glavobolja	рак rak	діабет dijabetes

хірург hirurg	скальпель skalpel	операція operacija

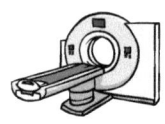

КТ
CT

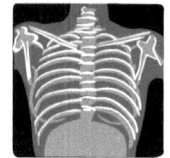

рентген
rendgen

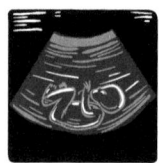

ультразвук
ultrazvuk

маска
maska

хвороба
bolest

зал очікування
čekaonica

милиця
štake

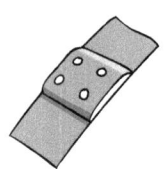

пластир
flaster

пов'язка
zavoj

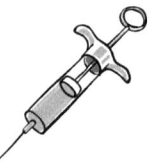

ін'єкція
injekcija

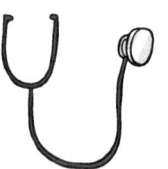

стетоскоп
stetoskop

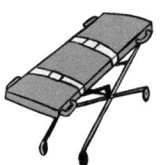

ноші
nosilo

термометр
termometar

народження
porod

надмірна вага
prekomjerna težina, debljina

слуховий апарат

slušni aparat

дезінфікуючий засіб

sredstvo za dezinfekciju

інфекція

infekcija

вірус

virus

ВІЛ / СНІД

HIV/ AIDS

медицина

medicina

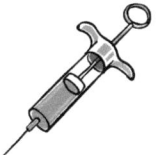

вакцинація

vakcinacija

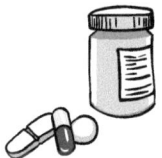

таблетки

tablete

протизаплідна пігулка

pilula

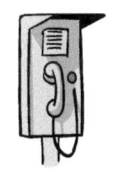

екстрений виклик

hitni poziv

тонометр

aparat za mjerenje pritiska

хворий / здоровий

bolestan / zdrav

Допоможіть!

Upomoć!

сигнал тривоги

alarm

напад

napad, prepad

атака

napad

небезпека

opasnost

аварійний вихід

izlaz u slučaju opasnosti

Вогонь!

Požar!

вогнегасник

vatrogasni aparat

аварія

nezgoda

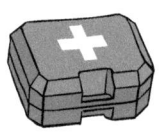

аптечка

torba prve pomoći

СОС

SOS

поліція

policija

Європа

Europa

Північна Америка

Sjeverna Amerika

Південна Америка

Južna Amerika

Африка

Afrika

Азія

Azija

Австралія

Australija

Атлантика

Atlantik

Тихий океан

Pacifik

Індійський океан

Indijski okean

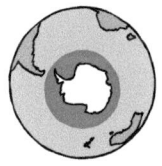

Антарктичний океан

Antarktički okean

Північний Льодовитий океан

Arktički okean

Північний полюс

Sjeverni pol

Південний полюс

Južni pol

Антарктика

Antarktik

Земля

Zemlja

суша

zemlja

море

more

острів

ostrvo

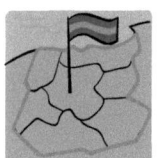

нація

nacija

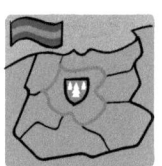

держава

država

циферблат

brojčanik sata

годинникова стрілка

kazaljka sata

хвилинна стрілка

kazaljka minute

секундна стрілка

kazaljka sekunde

Котра година?

Koliko je sati?

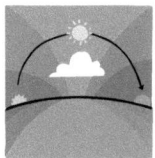

день

dan

час

vrijeme

зараз

sada

цифровий годинник

digitalni sat

хвилина

minuta

година

sat

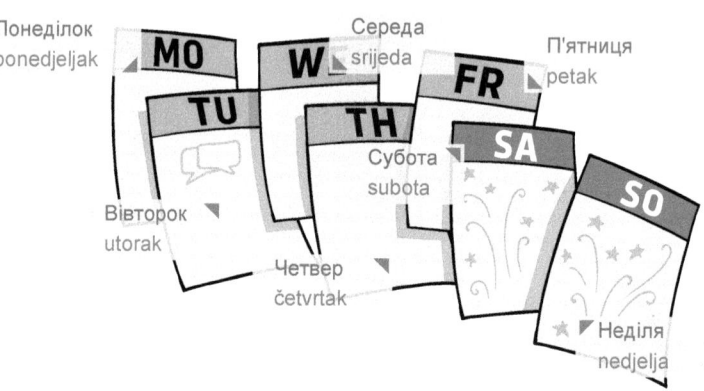

Понеділок
ponedjeljak

Середа
srijeda

П'ятниця
petak

Вівторок
utorak

Четвер
četvrtak

Субота
subota

Неділя
nedjelja

вчора
juče

сьогодні
danas

завтра
sutra

ранок
jutro

опівдні
podne

вечір
veče

робочі дні
radni dani

кінець робочого тижня
vikend

рік

godina

дощ
kiša
веселка
duga
вітер
vjetar
сніг
snijeg
весна
proljeće
літо
ljeto
осінь
jesen
зима
zima

4.APRIL 11°
5.APRIL 4°
6.APRIL 13°
7.APRIL 8°
8.APRIL 10°

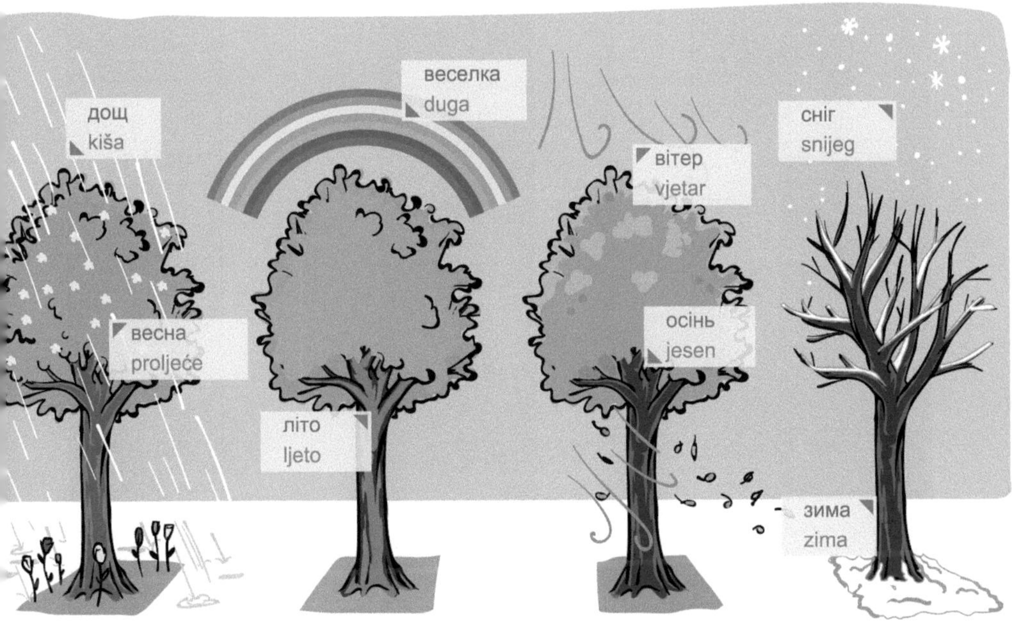

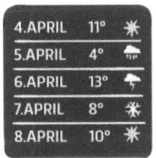

прогноз погоди

prognoza vremena

F C
120 90 60 30 0 -30
40 30 20 10 0 -10 -20

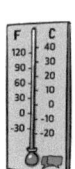

термометр

termometar

сонячне світло

sunčev sjaj

хмара

oblak

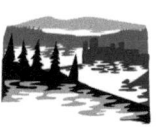

туман

magla

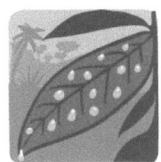

вологість повітря

vlažnost vazduha

блискавка
munja

грім
grom

шторм
oluja

град
tuča, led

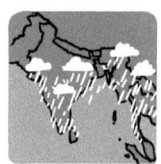

мусон
monsun

повінь
poplava

лід
led

Січень
januar

Лютий
februar

Березень
mart

Квітень
april

Травень
maj

Червень
juni

Липень
juli

Серпень
avgust

рік - godina

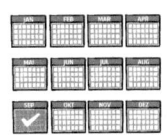

Вересень
....
septembar

Жовтень
....
oktobar

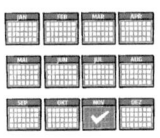

Листопад
....
novembar

Грудень
....
decembar

форми
oblici

круг
....
krug

квадрат
....
kvadrat

прямокутник
....
pravougao

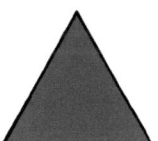

трикутник
....
trougao

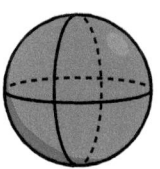

куля
....
kugla

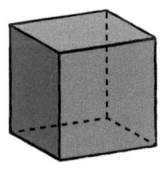

куб
....
kocka

білий

bjel

жовтий

žut

помаранчевий

narandžast

рожевий

pink

червоний

crven

фіолетовий

ljubičast

синій

plav

зелений

zelen

коричневий

smeđ

сірий

siv

чорний

crn

багато / мало

malo / mnogo

лютий / мирний

ljutit / miran

гарний / бридкий

lijep / ružan

початок / кінець

početak / kraj

великий / малий

veliki / mali

світлий / темний

svijetlo / tamno

брат / сестра

brat / sestra

чистий / брудний

čist / prljav

завершений /
незавершений
potpun / nepotpun

день / ніч

dan / noć

мертвий / живий

mrtav / živ

широкий / вузький

široko / usko

їстівний / неїстівний

ukusno / neukusno

злий / дружній

zao / prijatan

збуджений / нудьгуючий

uzbuđen / dosadan

товстий / тонкий

debeo / mršav

спочатку / востаннє

najprije / najkasnije

друг / ворог

prijatelj / neprijatelj

повний / порожній

pun / prazan

жорсткий / м'який

trvd / mekan

важкий / легкий

težak / lagan

голод / спрага

glad / žeđ

хворий / здоровий

bolestan / zdrav

незаконний / законний

ilegalan / legalan

розумний / дурний

inteligentan / glup

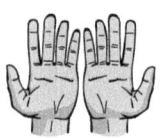

вліво / вправо

lijevo / desno

поруч / далеко

blizu / daleko

новий / використаний

nov / polovan

нічого / щось

ništa / nešto

старий / молодий

star / mlad

вкл / викл

uključeno / isključeno

відкрито / закрито

otvoreno / zatvoreno

тихо / гучно

tiho / glasno

багатий / бідний

bogat / siromašan

правильно / неправильно

tačno / pogrešno

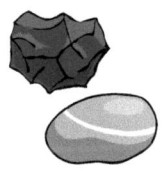

шорсткий / гладкий

hrapav / glatak

сумний / щасливий

tužan / srećan

короткий / довгий

kratak / dug

повільно / швидко

spor / brz

вологий / сухий

mokro / suho

гарячий / холодний

toplo / hladno

війна / мир

rat / mir

brojevi

0

нуль

nula

1

один

jedan

2

два

dva

3

три

tri

4

чотири

četiri

5

п'ять

pet

6

шість

šest

7

сім

sedam

8

вісім

osam

9

дев'ять

devet

10

десять

deset

11

одинадцять

jedanaest

12
дванадцять
dvanaest

13
тринадцять
trinaest

14
чотирнадцять
četrnaest

15
п'ятнадцять
petnaest

16
шістнадцять
šesnaest

17
сімнадцять
sedamnaest

18
вісімнадцять
osamnaest

19
дев'ятнадцять
devetnaest

20
двадцять
dvadeset

100
сто
sto

1.000
тисяча
hiljada

1.000.000
мільйон
milion

англійська

engleski

американська англійська

američki engleski

китайська
високочиновницька

kinesko mandarinski

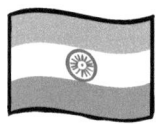

хінді

hindi

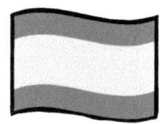

іспанська

španski

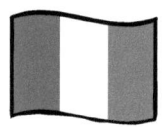

французька

francuski

арабська

arapski

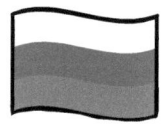

російська

ruski

португальська

portugalski

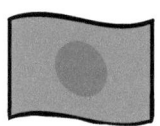

бенгальська

bengalski

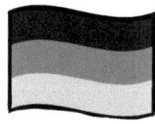

німецька

njemački

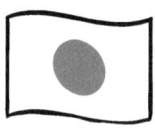

японська

japanski

я
ja

ти
ti

він / вона / воно
on / ona / ono

ми
mi

ви
vi

вони
oni

хто?
ko?

що?
šta?

як?
kako?

де?
gdje?

коли?
kada?

ім'я
ime

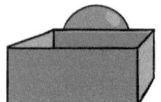

ззаду

iza

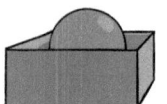

в

u

перед

pred

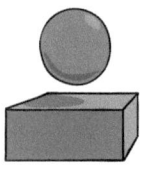

над

iznad

на

na

під

ispod

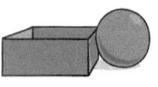

біля

pored

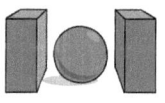

між

između

місце

mjesto